ALLOCUTION

PRONONCÉE A LA CÉRÉMONIE DU MARIAGE

DE

M. Léon FAUVEL

ET DE

Mlle Héloise POUPION

EN L'ÉGLISE NOTRE-DAME DE VIRE

PAR

M. L'ABBÉ L.-V. DUMAINE

CHANOINE THÉOLOGAL

ET

CURÉ-ARCHIPRÊTRE DE LA CATHÉDRALE DE SÉEZ

LE MERCREDI 20 JANVIER 1892.

SÉEZ

TYPOGRAPHIE F. MONTAUZÉ

1892

ALLOCUTION

PRONONCÉE A LA CÉRÉMONIE DU MARIAGE

DE

M. LÉON FAUVEL

ET DE

Mlle HÉLOISE POUPION

EN L'ÉGLISE NOTRE-DAME DE VIRE

PAR

M. L'ABBÉ L.-V. DUMAINE

CHANOINE THÉOLOGAL

ET

CURÉ-ARCHIPRÊTRE DE LA CATHÉDRALE DE SÉEZ

LE MERCREDI 20 JANVIER 1892.

SÉEZ

TYPOGRAPHIE F. MONTAUZÉ

1892

ALLOCUTION

PRONONCÉE A LA CÉRÉMONIE DU MARIAGE

DE

M. Léon FAUVEL

ET DE

Mlle Héloise POUPION

EN L'ÉGLISE NOTRE-DAME DE VIRE

Dieu a tracé aux astres du ciel la route qu'ils parcourent au-dessus de nos têtes ; c'est Lui encore qui marque la voie aux âmes à travers toutes les incertitudes et les agitations de ce bas-monde, afin qu'à une heure donnée elles se rencontrent, comme sa Providence l'a réglé dans ses merveilleux et insondables desseins. Aussi pour vous, jeunes Fiancés, il me semble la voir d'une manière sensible cette main paternelle et bienfaisante qui vous a mis tous deux sur le chemin l'un de l'autre, afin de vous amener à cette rencontre où l'on ne se quitte plus, parce que les cœurs, comme les mains, s'unissent à jamais sous l'œil et la bénédiction de Dieu. Oui, vos âmes sont allées l'une vers l'autre, parce qu'elles se sont vues réciproquement grandes et belles, comme deux étoiles qui, s'étant aperçues de deux points du ciel, iraient se rejoindre à travers les espaces. Mais si c'est une rencontre, c'est aussi un point de départ, et je ne vous laisserai point partir pour cette destinée nouvelle sans vous adresser mes souhaits; et quoique pour vous les apparences soient belles, je tiens cependant aussi à vous dire où sont vos meilleures espérances d'avenir.

Il est un monde frivole, et contempteur de tout ce qui est vraiment grand, aux vues étroites et aux calculs mesquins; pour lui le mariage n'est guère qu'une addition de valeurs ou d'espèces sonnantes, que chacun apporte de son côté. Ils oublient, hélas! la malédiction si formelle portée par Dieu lui-même. Vous, grâce au ciel, vous n'êtes pas de ceux-là, et tout autres sont vos apports.

Je sais des trésors près desquels pâlissent toutes les richesses matérielles : ce sont ces qualités du cœur et de l'esprit, que le ciel départit à ses privilegiés, et qui, mieux que tout le reste, font le charme de la vie. Or, pour que l'association de deux existences se fasse en bonne règle, il faut que de part et d'autre chacun apporte son contingent. L'union vraie des âmes n'estelle pas la résultante de qualités semblables? Alors on sait se comprendre, on vit des mêmes pensées et des mêmes affections; cette vie à deux ainsi comprise est un bien de premier ordre. C'est pour cela que Dieu avait dit au commencement des temps : « Il n'est pas bon que l'homme soit seul » (1). Mais quand Dieu créa la première femme, il ne la tira point de la tête de l'homme, parce qu'elle devait lui être soumise; il ne la tira pas non plus de ses pieds, parce qu'elle ne devait pas être son esclave; il la prit dans la région du cœur, là où convergent tous les grands mouvements de l'âme, parce qu'elle devait en partager avec l'homme les joies comme les amertumes. Ainsi Dieu voulut-il donner à l'homme un aide qui lui fût semblable (2). A ce point de vue, jeunes fiancés, j'aime à vous le dire : vous êtes bien faits l'un pour l'autre, car chez tous deux je trouve cette communauté parfaite des sentiments et des vues. Bénissez-en Dieu, car ils sont riches ceux que le ciel a ainsi dotés, et ce sont là des trésors que rien ne remplace.

Au reste quand, portant le regard sur ceux qui nous précèdent dans la vie, on sent qu'on n'a qu'à marcher noblement sur leurs traces, c'est là un de ces précieux héritages qui encouragent à traverser fièrement la vie. Il est vrai que plus cet héritage est glorieux à recueillir, plus il est difficile à porter, car,

(1) Genèse, II, 18.
(2) *Ibid.* II, 18.

comme le dit notre vieux dicton : Honneur oblige. A ce point de vue, je suis sans crainte pour vous, qui êtes né pour perpétuer ces nobles traditions d'intégrité et d'honneur habituelles chez les vôtres, de génération en génération. Et si la voix du peuple est la voix de Dieu, elle a bien parlé en faveur des vôtres, sur qui tant de témoignages si flatteurs se réunissent de toute part. Témoin ce mandat que le suffrage de ses concitoyens a si loyalement décerné à votre honorable père (1). Et si je voulais faire l'éloge de celle à qui vous devez le jour, mon thème serait beau encore, mais je sais la réserve que sa modestie m'impose. Son éloge, d'ailleurs, c'est vous-même, car l'Esprit-Saint m'apprend que le fils sage est la joie et la gloire de ceux qui lui ont donné le jour (2). J'aime à le dire pour l'encouragement de celle à qui vous allez donner un nom si bien porté.

Mais là encore il faut qu'il y ait réciprocité. Toutefois, soyez sans crainte, car nos traditions sont les vôtres. Sans doute, ce n'est pas à moi à m'étendre sur ce point, car outre que je semblerais trop plaider *pro domo*, on peut facilement passer pour aveugle relativement aux siens. Aussi j'aime mieux vous dire : celle que vous prenez saura vous faire comprendre le milieu dans lequel elle a vécu et grandi ; et, je n'en doute pas, elle vous prouvera comment

---

(1) M. Fauvel, père, est membre du Conseil général de la Manche pour le canton de Lessay.

(2) Proverbes, xv, 20.

elle a su profiter des exemples d'une vie toute de travail et d'honneur, ainsi que des fortes et pieuses leçons de l'éducation maternelle.

Mais quelque éloge qu'on puisse faire des vertus, de la raison et de la grâce d'une jeune femme, quelque excellentes qualités qu'un homme puisse avoir pour la vie commune, il ne faut pas, cependant, demander à l'existence plus de bonheur qu'elle n'en peut donner ; car, songez que la terre est un lieu de passage et d'épreuve; des deuils trop récents, qui vous touchent de près, vous l'attestent (1) ; aussi ne demandez pas à la vie de ce bas-monde les joies du séjour éternel.

J'ai pourtant encore à vous dire d'autres secrets du bonheur, et rien qu'à les entendre, vous sentirez vous-mêmes vos espérances grandir, j'en suis sûr.

Le secret d'être heureux il est d'abord dans l'union parfaite des croyances. Je puis, d'ailleurs, parler d'autant plus hardiment, que je vous sais homme à comprendre ce langage d'une épouse chrétienne : « Je veux n'avoir point de secrets pour le compagnon de ma vie ; et quel secret plus grand et plus merveilleux peut-il y avoir que celui des joies goûtées

---

(1) Mme Gritton, sœur de M. Léon Fauvel, et Mme Regnault, tante de Mlle Poupion, mortes toutes deux récemment, ont laissé après elles des souvenirs et des regrets dont la foi seule console.

au pied de l'autel ? » Qui ne les a pas goûtées ne peut ni les traduire, ni les comprendre. Il ne faut pas qu'une femme chrétienne parle une langue étrangère à son mari, en lui parlant de foi, d'espérance et d'amour de Dieu. Puis, faudrait-il donc être unis en ce monde, pendant de rapides années, pour se voir séparés pendant l'éternité ! Ce serait, d'ailleurs, trahir son Dieu que de donner sa vie à qui ne l'aimerait pas. D'ailleurs, méprisez toujours les courts bonheurs, dédaignez les félicités sans espérances immortelles. Que sont les joies si vite flétries de ce côté de la terre, si elles ne pouvaient refleurir dans les hauteurs du ciel ! Ce qu'il faut vouloir, jeunes fiancés, c'est de marcher, la main dans la main, pour franchir ensemble les étapes de la vie, sans qu'une de ces mains se sépare de l'autre au seuil des saints parvis. Qui pourrait croire que le Seigneur bénisse des tendresses qui se traînent et rampent à terre, que la prière n'ennoblit pas en les sanctifiant, et qui ne trouvent ni leur source ni leur couronnement en Dieu ? Vous n'êtes point faits pour vous contenter d'unir deux noms et deux dots, et de traîner votre destinée dans la poussière de petits intérêts et de vanités vulgaires ; non, les grandes sphères où l'âme peut ouvrir ses ailes, où le cœur palpite sans trouble, où l'on sent que Dieu bénit la vie, voilà ce que les âmes chrétiennes aiment et savent comprendre.

Ce qui s'accomplit en ce moment pour vous, c'est la plus grande chose qui soit entre le baptême et la mort ; et la faisant comme vous la faites, et comme, hélas ! on ne la fait presque plus, vous donnez à tous ceux qui vous aiment la meilleure des garanties pour votre avenir. Vous vous unissez ensemble de noble inclination et de bon amour. Vous êtes en ceci dans l'ordre de Dieu, et il n'y a pas de bonheur plus rare. Les anges ont la main dans la trame de vos affections, et, si je puis le dire, ils assisteront à vos noces. Dieu ayant fait ce mariage, il fera la dot, et il la fera de paix, de force et d'honneur, d'espérance et d'amour. Le reste importe peu. Que de gens qui ont tout, mais pas cela, et, qui n'ayant pas cela, n'ont que misère et tourment ! Quant à vous, si vous le voulez, rien ne vous ôtera la grâce et la splendeur de ce jour. Le paysage changera, les fleurs passeront, les feuillages jauniront et tomberont, mais vous, vous ne changerez pas, parce que vous resterez toujours dans l'air respirable des âmes. Vous ferez ainsi partie de la bonne espèce humaine, de celle qui porte de bons fardeaux, qui jette les bonnes semences, et que Dieu fait forte en présence de tous les événements de la vie. Les vrais chrétiens seuls ici-bas sont vraiment heureux ; vous le serez, parce que vous en êtes, et j'en bénis Dieu.

Donc, comme l'Eligse va tout à l'heure le dire pour vous : « Que le Dieu d'Israël vous unisse, et qu'il soit lui-même avec vous » (1). Quel souhait

---

(1) Introït de la messe du Mariage.

meilleur à vous faire, en présence des engagements et des responsabilités que vous allez contracter ? Sans doute ce sacrement impose de grands devoirs, mais en même temps il procure de grandes grâces.

Des devoirs, il en est que ce mot effraie, et dont la volonté se révolte contre ce joug pourtant si doux, quand il est sagement compris et noblement porté. Ah! béni soit Dieu qui nous donne des devoirs! Car pour le chrétien le devoir est un champ miraculeux, qu'il féconde avec allégresse, en le voyant fleurir sous la rosée de ses sueurs. D'ailleurs, il est des devoirs qu'on aime à l'envi des plaisirs. Se vouer un mutuel et invincible amour, se tenir dans la vie par le nœud de la fidélité conjugale, se prêter appui chaque jour contre tous les ébranlements de l'existence, non en vérité il ne peut y avoir peine en de tels devoirs; elle serait bien plutôt dans leur exemption. Gardiens du principe de la vie, vous voudrez aussi en être les sages dispensateurs, pour répondre à la vocation que Dieu vous a faites, quand il a dit : « Croissez, multipliez-vous et remplissez la terre » (1). Puis, s'il y a les devoirs réciproques, il y a aussi les obligations individuelles. A l'époux qui a la force en partage, le rôle si grand d'être la tête et le bras de la famille; à l'épouse d'être le cœur et le souffle. A l'homme de protéger la faiblesse qui

(1) Genèse, viii, 17.

s'abrite sous sa force; à la femme d'être un bienfaisant ombrage contre toutes les ardeurs du labeur. A l'un de commander, non avec dureté, mais avec modération et douceur ; à l'autre d'être soumise, non en esclave mais en chrétienne. Quand tout cela est ainsi compris, alors le foyer domestique devient un sanctuaire où repose la bénédiction de Dieu.

Toutefois, si nobles et si doux même que soient des devoirs, je comprends que la faiblesse humaine puisse encore y trouver un écueil. Aussi Dieu y a t-il pourvu en mettant à la disposition des époux chrétiens des grâces précieuses, dont le sacrement est le canal naturel. Ecoutez plutôt l'Eglise : « Que le Seigneur vous envoie son secours de son sanctuaire, et qu'il veille sur vous du haut de Sion ! » (1). Et qui pourrait croire qu'une telle prière n'obtient pas son effet, en vertu du sacrement qui en est comme l'instrument ? Eh bien ! oui, il sera sur vous ce secours précieux ; Dieu, tout à l'heure, va l'y répandre large et abondant. Mais soyez sans crainte encore, car quelque longue que soit pour vous la vie, et c'est le souhait de l'Eglise à l'adresse des nouveaux époux, ce secours divin vous suivra partout, pour répondre à chaque difficulté qui pourrait s'offrir sur votre chemin. Malgré ses incertitudes et ses responsabilités, abordez donc, sinon sans crainte, du moins avec une sainte confiance, la voie qui s'ouvre devant vous ; et quand vous serez aux prises avec les luttes

---

(1) Versets des prières liturgiques du Mariage.

de l'existence, prenez courage, et dites-vous bien, comme autrefois le grand apôtre : « Je puis tout en Celui qui me fortifie » (1).

Maintenant il me reste, à moi, un doux et grand devoir à remplir, c'est d'être le témoin sacramentel de votre union et de la bénir ; et cela comptera désormais parmi les bons souvenirs de ma vie. Que par ma main la bénédiction d'en haut descende donc en abondance sur toute la suite de votre vie : pour vous, enfant, que j'ai si tendrement enveloppée de mon affection depuis le berceau jusqu'à ce moment solennel, et sur vous, qui en vous l'associant comme la compagne inséparable de vos joies et de vos douleurs, allez désormais prendre aussi une place de choix dans mes affections. Oui, que le Dieu d'Abraham, d'Isaac et de Jacob soit avec vous, et qu'il vous comble de ses meilleures bénédictions (2).

Mais je ne serai pas seul à vous bénir, car déjà un illustre prélat (3), dont l'amitié vous honore, vous a paternellement bénis. Après lui, un dignitaire de son église (4), qui a suivi les pas de l'un de vous jusqu'à ce jour avec la tendresse d'un père, tout à l'heure va vous bénir à son tour. Mais ce n'est pas tout : ces bénédictions déjà si précieuses vont être

---

(1) Philipp. iv, 15.
(2) Bénédiction liturgique de la cérémonie du Mariage.
(3) Monseigneur Germain, évêque de Coutances et d'Avranches.
(4) M. l'abbé Hamel, curé-archiprêtre de N.-D. de St-Lô, précédemment curé-doyen de Lessay.

renforcées (1), c'est le mot de nos Saints Livres, par une autre venant de plus haut encore ; et ce n'est rien moins que le Vicaire de Jésus-Christ qui vous bénit lui-même en ce moment. Je connaissais trop bien cette source pour n'y pas puiser pour vous. Léon XIII, sur ma prière, vous bénit. Ce sera comme un parfum de plus ajouté aux suavités de ce jour, et un nouveau gage de vrai bonheur. Bien des choses passeront, mais cela vous restera. Donc, au nom du Vicaire du Christ, que la bénédiction du Dieu tout-puissant, Père, Fils et Saint-Esprit descende sur vous et y demeure à jamais !

(1) Genèse, XLIX, 26.

TRÈS SAINT-PÈRE,

Léon Fauvel et Héloïse Poupion, du diocèse de Séez, prosternés aux pieds de Votre Sainteté, implorent humblement la Bénédiction Apostolique pour le jour de leur mariage qu'ils célébreront devant la Sainte Eglise, le 20 Janvier 1892.

Ex Ædibus Vaticanis, die XI Januarii 1892.
Sanctissimus Dominus noster Leo P.P. XIII petitam Benedictionem clementer impertivit.

O. CAGEANO DE AZEVEDO.

L'Evêque de Séez est heureux de transmettre cette faveur insigne aux deux jeunes époux.

Séez, le 15 Janvier 1892.

† FRANÇOIS-MARIE, *Ev. de Séez.*

(lieu du sceau).

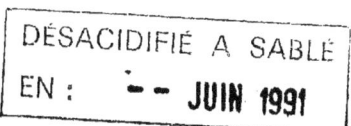

Séez. — Typographie F. Montauzé.

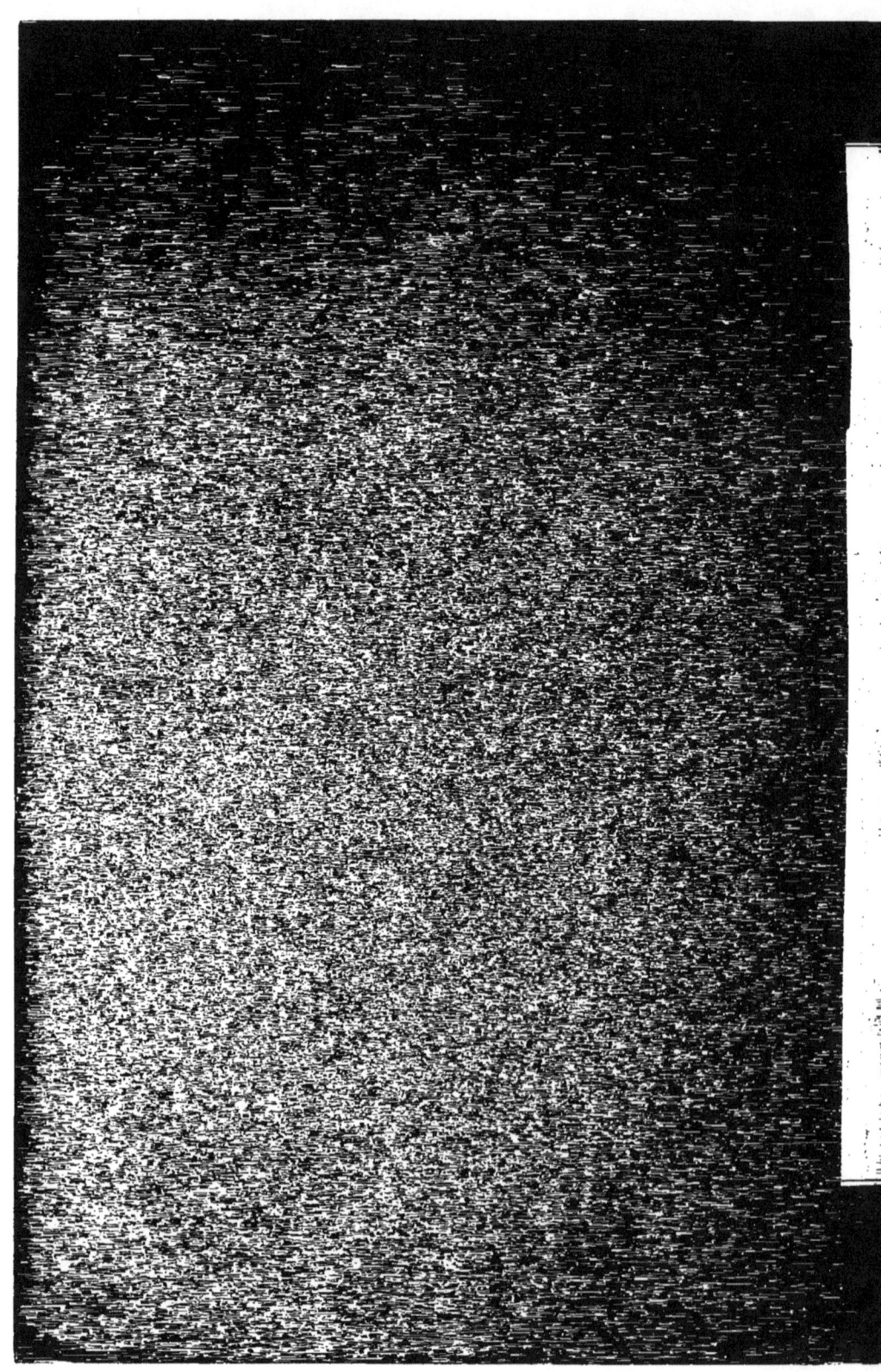

www.ingramcontent.com/pod-product-compliance
Lightning Source LLC
Chambersburg PA
CBHW060621050426
42451CB00012B/2365